HISTÓRIA DA IGREJA PARA QUEM TEM PRESSA

Andre H. Torres Ribeiro

Revisão Textual: o próprio autor

História da Igreja para quem tem pressa. Andre Henrique Torres Ribeiro. Londrina-Pr. Edições Aprimorando Minha Liderança.
p:14x21 cm
ISBN:

AGRADECIMENTOS

Dedico este livro a toda minha família, principalmente a minha esposa Fabiane, e meus dois filhos Ana Clara e Davi.

Amo vocês!!!!!

SUMÁRIO

INTRODUÇÃO

Este material não pretende ser um extensivo estudo sobre a história da igreja. Eu quero apenas introduzir o tema e dar ferramentas para que o você pesquise e explore nossa herança histórica por si mesmo. Sendo uma introdução, na verdade, um simples esboço, permaneço no limite dos fatos, explicações e personagens mais importantes e/ou conhecidos pelo leitor cristão "médio", sem nos aprofundarmos em maiores e amplas questões que um livro de história poderia fornecer, longe de mim ter a pretensão de querer considerar este humilde guia de estudo uma obra acadêmica, apenas quero instigar aos milhares de irmãos e irmãs a conhecerem nossa rica história e os inúmeros desafios que nossos primeiros irmãos na fé passaram.

Meu objetivo é fornecer uma base histórica de aprendizado. Ao navegarmos pela história da igreja, você perceberá o quanto ela desviou-se da sua configuração original e refletirá sobre a responsabilidade em contribuir para que ela seja plenamente "restaurada" à intenção original de Deus em termos de princípios, valores e estruturas básicas.

Insistimos que o você use este pequeno livreto como um norteador para sua reflexão pessoal e tente responder às seguintes questões: a igreja, hoje, atende ao desejo do coração de Deus? Ela está cumprindo seu chamado? Está vivendo de acordo com a sua natureza? Está sendo o corpo de Cristo, a igreja realmente o representa e expressa? O que nossas igrejas locais podem aprender com os erros da igreja no passado?

Estas são questões dignas de sua apreciação e, com certeza, Deus também está interessado em saber como você e sua igreja responderão.

História da Igreja para quem tem pressa

O NASCIMENTO DA IGREJA

Ao contrário do que muitos pensam, a Igreja não existia no Antigo Testamento e não é uma continuação de Israel. Israel e a Igreja são duas "raças", dois povos distintos. Inclusive, escritores do segundo e terceiro séculos descreviam os cristãos (a Igreja) como a "terceira raça", sendo os judeus e os gentios as outras duas. De fato, Paulo faz uma distinção clara entre os judeus, os gentios e a Igreja de Deus em 1 Coríntios 10:33. A Igreja é, com toda certeza, uma criação divina distinta, com uma origem clara e definida na Bíblia.

A Igreja é chamada de "o Corpo ***de Cristo***" (Cl 1:18, por exemplo) nas Escrituras. Desde que ela é o corpo de Cristo e pelo fato de Cristo não ter se manifestado como Deus encarnado no AT, é lógico concluirmos que a Igreja não existia e não se originou no AT, que ela é uma coisa nova e não uma continuação de Israel.

Um outro fato é que o batismo do Espírito Santo é o meio pelo qual os crentes em Cristo são incorporados ao Seu corpo, à Igreja (1 Co 12:13). O batismo do (ou pelo Espírito; realizado pelo) Espírito Santo **começou no dia de pentecostes** após a ressurreição de Cristo (At 1:5; 2:1-4; 11:15-17) e continua sendo efetuado até em nossos dias, e continuará até que o último membro seja incorporado ao Seu corpo. Portanto, a Igreja começou no dia de Pentecostes após a ressurreição de Cristo e não antes disto.

Nos Evangelhos, a Igreja não existia em sua expressão "oficial", pois o Espírito ainda não tinha vindo sobre os cristãos e batizando-os formando o corpo de Cristo. A Igreja, nos Evangelhos, era apenas um embrião do que ela seria. Por exemplo, em Mateus 16:18, Jesus fala da Igreja no futuro, enfatizando a sua vitória sobre o poder do Hades. Já em Mateus 18:15-20, Jesus usa a palavra Igreja referindo-se a um grupo específico de pessoas congregadas em unidade com autoridade para decidir questões entre os irmãos. Estas são as duas únicas referências diretas à Igreja nos Evangelhos. A primeira é uma predição, uma declaração profética sobre o sucesso futuro da Igreja após o seu nascimento. A segunda é um ensinamento com princípios gerais que os discípulos poderiam aplicar somente num sentido restrito naquele momento; porém, depois, após o nascimento da Igreja, poderiam ser plenamente praticados.

Após o nascimento da Igreja no dia de Pentecostes, ela passou a expressar-se em quatro aspectos distintos, mas interligados. Estes aspectos são:

- A Igreja Universal (1 Co 12:12-13; Rm 12:4-6), ou seja, o corpo de Cristo, composto de todos os verdadeiros crentes de todas as épocas desde o nascimento da Igreja.

- As Igrejas (Atos 9:31; 15:41; Rm 16:4; 1 Co 16:19; Gl 1:1; 2 Co 8:1), ou seja, um certo número de igrejas locais que estavam numa mesma região geográfica ou que eram de uma mesma cultura.

- A igreja numa cidade (1 Co 1:1; Atos 8:1; 1 Ts 1:1; At 13:1), ou seja, todos os cristãos que viviam numa mesma cidade. Obviamente, eles se reuniam em lares diferentes e periodicamente podiam se reunir num mesmo lugar.

- A igreja numa casa (1 Co 16:19; Fm 1:2; Rm 16:5). No início da Igreja não havia templos cristãos; os primeiros discípulos se reuniam nas casas e, às vezes, para maiores reuniões, eles se reuniam em locais públicos, como praças, anfiteatros, mercados e etc.

Hoje em dia se fala muito de grupos pequenos e células como sendo um retorno à prática da Igreja no primeiro século, mas é preciso lembrar que as "células" na Igreja Primitiva eram verdadeiras igrejas no pleno sentido da palavra. Tudo o que a maioria das igrejas fazem hoje em dia no "templo" era feito nas igrejas caseiras do primeiro século: adoração, treinamento de líderes, ensino, batismo, ceia, etc.

PERÍODOS DA HISTÓRIA DA IGREJA

Nós iremos conduzir nossa aventura dos períodos da história da Igreja tomando como base as sete igrejas de Apocalipse 2 e 3. Creio que estas igrejas foram proféticas e representam certos períodos na história da Igreja, os quais veremos a partir de agora em nosso próximo capítulo.

PRIMEIRO PERÍODO: A ERA APOSTÓLICA INICIAL – DE 33 d.C. A 100 d.C.

A igreja de Éfeso. Apocalipse 2:1-7. Éfeso significa "desejável". A igreja de Éfeso representa profeticamente a Igreja da Era Apostólica inicial, ou seja, os cem primeiros anos da história da Igreja.

Para um entendimento geral sobre este período é imprescindível ler Atos e as epístolas do Novo Testamento.

Algumas características e pontos mais importantes deste período foram:

O nascimento da Igreja em Atos 2.

As perseguições iniciais da Igreja, primeiramente atingindo somente os apóstolos, mas depois a todos os cristãos. Saulo, depois chamado de Paulo, assolou a Igreja perseguindo tanto homens quanto mulheres e crianças, e colocando-os em prisões por ordem do sumo sacerdote judeu.

A expansão da Igreja que resultou com a perseguição em Atos 8. Os cristãos que antes estavam limitados em Jerusalém e Judéia, com a perseguição, se espalharam por Samaria e, um pouco depois, até os confins da terra, como vemos nas viagens de Paulo.

Os primeiros anos da Igreja foram marcados por uma poderosa ação do Espírito na e através da Igreja. Hoje em dia também vemos isto, mas não com a intensidade que era visível no NT.

De Atos 1 a 12, nós vemos principalmente o ministério de Pedro, voltado quase que exclusivamente para os judeus. Em Atos 10 e 11, Pedro abre a porta do reino para os gentios e logo depois em Atos 13, Deus levanta a Paulo para ministrar aos gentios. Paulo começa suas viagens para plantar e fortificar as igrejas entre os gentios.

Por um tempo Paulo tenta alcançar seus patrícios, os judeus, mas através de diversas experiências fica confirmado definitivamente seu apostolado entre os gentios.

Com o avanço do ministério entre os gentios, algumas igrejas formadas por judeus começam a sentir e a fazer pressão em relação ao cumprimento de certas tradições da lei. Os apóstolos e presbíteros de Jerusalém, bem como os demais apóstolos (Paulo e Barnabé, por exemplo) e representantes de outras igrejas, se reúnem em Jerusalém para resolver a questão da importância de guardar a lei para os gentios. Os líderes judaicos/cristãos reconhecem e afirmam que a salvação é pela graça mediante a fé e não pela guarda da lei. Deste modo, eles decidem não exigir que as igrejas gentílicas guardem a lei, exceto umas três exigências que, se cumpridas, seriam importantes para que a porta do evangelho estivesse sempre aberta aos judeus por meio dos gentios. Assim, houve uma ruptura definitiva entre o cristianismo e o judaísmo.

Com a expansão da Igreja no mundo gentio, outros centros missionários surgem além de Jerusalém. Antioquia se torna um importante centro para a expansão do reino de Deus e da Igreja. Paulo e Barnabé são os primeiros – mas com certeza não foram os únicos – enviados por aquela igreja para plantar outras comunidades cristãs. A Igreja de Éfeso se tornou outro centro missionário, assim como a Igreja de Tessalônica.

Durante as suas viagens missionárias, Paulo escreve cartas às igrejas, orientando acerca de seu funcionamento e trazendo a revelação de Deus ao Seu povo. Outros apóstolos e evangelistas também escrevem evangelhos ou cartas, como Mateus, Pedro e Lucas.

No ano 70 d.C., Jerusalém é destruída. Tanto os judeus como os cristãos se espalham pelo mundo todo.

Paulo e os apóstolos do Cordeiro são martirizados, com exceção de João, que é exilado na ilha de Patmos até a sua morte.

Os principais personagens extra-bíblicos deste período foram: Domiciano (81-96 d.C.), imperador romano que exigiu ser adorado como Deus e instigou uma intensa perseguição aos cristãos; Josefo (37-110 d.C.), um historiador judeu que fez referências históricas em suas obras acerca de Jesus e Tiago; Tácito (55-117 d.C.), historiador romano que fez referências à Cristo e ao cristianismo em suas obras; Clemente de Roma (30-100 d.C.), um famoso presbítero de Roma que morreu sob Domiciano e que escreveu algumas cartas à Igreja de Corinto; ele também se refere aos dois aprisionamentos de Paulo em Roma; Inácio (?-117 d.C.), um bispo de Antioquia da Síria que escreveu algumas cartas sobre o governo da igreja e sofreu martírio em Roma. Policarpo nasceu em 70 d.C. e foi discípulo do Apóstolo João. Ele teve um papel importante na história da igreja tanto no final deste primeiro período quanto no início do segundo. Ele morreu queimado vivo com 86 anos de idade. A tradição diz que ele não soltou nenhum gemido enquanto estava sendo queimado. Pápias (60-139 d.C.) foi um bispo de Hierapólis e, como Policarpo, também teve um papel importante na história da Igreja tanto no fim do primeiro quanto no início do seu segundo período. Ele também conheceu João e escreveu acerca das palavras e da vida de Cristo baseado no que ouviu de João. Ele também escreveu que Marcos havia escrito seu Evangelho baseado nas informações dadas por Pedro.

UMA VISÃO PANORÂMICA DA HISTÓRIA DA IGREJA

Para facilitar nossa compreensão acerca desta linda e desafiadora história que é dividida em períodos, subdividi em unidades menores. Essa divisão é relativa, variando de acordo com os critérios de diferentes estudiosos, mas facilita a compreensão de um tema tão vasto e complexo. A seguir, a classificação que seguiremos neste capítulo, ainda que nem todos os tópicos venham a ser abordados, devido a proposta deste manuscrito.

1) História da Igreja Antiga (30 a 590 d.C)

- A igreja apostólica (30 a 100)
- A igreja "católica" (100 a 313)
- A igreja imperial (313 a 590)

2) História da Igreja Medieval (590 a 1517 d.C)

- A igreja no início da Idade Média (590 a 1073)
- A igreja no auge da Idade Média (1073 a 1294)
- A igreja na época do renascimento (1294 a 1517)

3) A Reforma Protestante (1517 a 1648)

- A Reforma na Alemanha e Suíça (Movimento Reformado)
- A Reforma na Inglaterra e Escócia
- A Contra reforma e a Reforma Católica

4) História da Igreja Moderna e Contemporânea (1648...)

- O racionalismo e os avivamentos (1648 a 1789)
- O grande século das missões (1789 a 1914)
- O Século XX até hoje

SEGUNDO PERÍODO: A IGREJA SOFREDORA – DE 100 d.C. A 312 d.C.

A Igreja de Esmirna. Apocalipse 2:8-11. Ela representa profeticamente a Igreja sofredora e perseguida dos séculos 2 e 3.

Algumas características e pontos mais importantes deste período foram:

O segundo século da era cristã foi de intensa perseguição para a Igreja. Ela havia se espalhado por todo o Império Romano e até os confins da terra conhecida na época. A perseguição obrigou aos cristãos a fugirem por todo o mundo. Algumas vezes, cristãos recém-convertidos chegavam numa cidade onde não havia nenhum outro cristão e começavam a pregar o pouco que sabiam sobre

Jesus. Como consequência disto e pelo afastamento dos principais centros de crescimento cristão na época, muitas igrejas não tinham ensinamento adequado e estavam realmente namorando sério com filosofias e religiões pagãs.

Começaram, então, as primeiras disputas doutrinárias. As heresias que eram fortemente combatidas por Paulo e por outros no século anterior, agora tinham uma maior proeminência, porque a perseguição impediu que os novos cristãos e as novas igrejas tivessem acesso fácil e rápido aos seus ensinamentos, o que poderia ter minimizado um pouco a proliferação das seitas e heresias "cristãs". As principais seitas/heresias surgidas neste período foram: o **ebionismo** (130-135 d.C.), que ensinava a guarda da lei como uma exigência para a salvação e que Cristo não era eternamente divino; o **gnosticismo** (90-170 d.C.), que ensinava que a salvação poderia ser alcançada somente por meio de um "conhecimento superior" e que Deus era impessoal; o **marcionismo** (160-222 d.C.), que negava o nascimento virginal de Cristo, Sua ressurreição, o Antigo Testamento como a Palavra de Deus e os livros escritos por judeus no Novo Testamento; o **maniqueísmo** (215-277 d.C.), uma seita ascética que ensinava o dualismo (duas forças iguais e impessoais se enfrentando no universo – o bem e o mal) e negava que Cristo tivera um corpo físico real; e o **sabelianismo** (200 d.C.), que negava a trindade de Deus e a filiação eterna de Jesus.

Este período também foi marcado pela ascensão dos bispos. No início da Igreja, no primeiro século, não havia uma distinção entre bispo e presbítero. Mas, já no segundo século, alguns bispos (presbíteros) se consideraram mais importantes que outros e começaram a controlar as igrejas de uma dada região. Os presbíteros das igrejas maiores e/ou que estavam em centros políticos começaram a reivindicar superioridades em relação aos demais presbíteros e, de fato, assumiram o controle sobre regiões geográficas e/ou eclesiásticas.

Os bispos, e não as congregações, passaram a ser "a Igreja" e a Igreja passou a ser um meio de salvação". A ceia e o batismo foram corrompidos e se tornaram meios de receber a salvação.

Este período também se destacou pela necessidade de defender a fé perante os filósofos e religiosos gregos e romanos. Daí surgiram os chamados "apologistas", cristãos que defendiam a fé por meio de discursos e escritos, enquanto condenavam as filosofias e religiões pagãs. Os principais apologistas foram: **Taciano** (110-172 d.C.), que denunciou a filosofia grega como sendo pagã; **Justino, o Mártir** (100-165 d.C.), o mais famoso de todos os apologistas cristãos deste período que, inclusive, fundou uma escola cristã em Roma; **Tertuliano** (160-220 d.C.), foi o principal defensor da fé cristã na Igreja ocidental latina. Era advogado e versado no grego e no latim.

Além dos apologistas, havia também o que os estudiosos chamam de "polemicistas", ou seja, teólogos cristãos que discursavam e/ou escreviam para defender a fé cristã, combater o paganismo filosófico e religioso e confirmar a veracidade das doutrinas cristãs. Entre os principais polemicistas, nós encontramos **Irineu**, que nasceu em Esmirna e foi discípulo de Policarpo. Sua obra mais famosa foi *Contra As Heresias*, que combatia principalmente o Gnosticismo. **Orígenes** (185-254 d.C.) foi outro grande polemicista. Ele estudou com Clemente de Alexandria e foi o maior escritor cristão de sua época. Do lado negativo, nós temos **Cipriano** (200-258), bispo de Cartago e um dos principais responsáveis pela exaltação do ofício de bispo. Ele ensinava que a salvação só era possível através da Igreja e que ele, como o bispo, era o porta-voz da Igreja, aquele que poderia decidir quem era salvo ou não. Ele também defendeu a idéia de que a Igreja de Roma era a "igreja-mãe" de todas as outras e que o bispo dela deveria governar sobre todos os demais bispos e igrejas.

TERCEIRO PERÍODO: A IGREJA IMPERIAL ROMANA – 312 A 590 d.C.

A Igreja de Pérgamo. Apocalipse 2:12-17. Representa profeticamente a Igreja ligada ao Império (Romano).

Algumas características e pontos mais importantes deste período foram:

Segundo a história, Constantino – o então Imperador Romano – teve uma visão da cruz e prometeu que se vencesse determinada batalha, todo o seu império seria convertido ao Cristianismo. Ele venceu e forçou milhares de bárbaros a se tornarem cristãos por meio do batismo. Mas, segundo a intenção original de Deus, a Igreja e o governo humano não deveriam se misturar, pois seria prejudicial para ambos. De fato, quando há esta união, a Igreja sempre é corrompida e o governo sempre é manipulado de acordo com os interesses da Igreja pervertida.

Quando a Igreja se casou com o Estado, as funções eclesiásticas foram substituídas por posições políticas e econômicas. A hierarquia governamental também foi adotada como a estrutura de liderança básica da Igreja. O organismo vivo que era a Igreja passou, então, a ser uma mera organização; e a vida em comunidade dos cristãos deu lugar aos institucionalismo religioso.

Com a divisão cada vez maior do Império Romano e devido à forte ligação da Igreja com o Estado, a Igreja também se dividiu em Ocidental (com sede em Roma) e Oriental (com sede em Constantinopla). Surgem aí as igrejas Católica Romana e Ortodoxa Grega.

A Igreja Ocidental (Católica Romana) era bastante superior à Igreja Oriental em termos de poder político. Portanto, ela desenvolveu-se e ampliou o seu poder mais do que a Igreja Oriental. O bispo de Roma, por exemplo, foi considerado o bispo mais importante de toda a Igreja e a Igreja Romana foi considerada a mais importante porque "inventaram" a história de que ela teria sido fundada pelo Apóstolo Pedro. **Leão I**, bispo de Roma (440-461 d.C.) foi quem primeiro usou para si mesmo e de maneira oficial o título de "Papa". Ele foi um personagem importante neste período e ganhou grande notoriedade e maior poder por causa de seus sucessos políticos relacionados a Átila, o Huno, e outros líderes bárbaros.

Neste período iniciou-se o **monasticismo**, um movimento que surgiu entre homens de Deus que se isolaram em mosteiros buscando relacionar-se com Deus de uma maneira mais pura e elevada, separando-se dos pecados do mundo e dos prazeres do corpo. Obviamente, tais objetivos nunca foram realmente cumpridos por causa da natureza pecaminosa do homem, pois mesmo que sejamos a única pessoa na face da terra, ainda assim arranjaremos um jeito de pecar e de nos afastarmos de Deus. A única solução para uma vida pecaminosa está em viver pela fé no Filho de Deus, deixando-o viver em, e através de nós.

Também neste período, a adoração da Igreja deixou de ser espontânea e espiritual e passou a ser ritualística. Com a ascensão dos bispos, os líderes passaram a ostentar e a brigar por títulos eclesiásticos. Com a proliferação do cristianismo obrigatório, bem como a crescente organização estatal da Igreja, surgiram novas heresias e outras mais antigas se consolidaram. Assim, então, os líderes decidiram se reunir para formalizar a doutrina cristã. Surgiram os **Concílios** da Igreja, onde líderes proeminentes eram convidados a defender seus pontos de vista teológicos com o objetivo de gerar um conjunto de crenças comuns e ortodoxas que seria adotado por todos os cristãos. Neste período ocorreram os cinco principais Concílios da Igreja: **Nicéia** (325 d.C.), **Constantinopla** (385 d.C.), **Cartago** (397 d.C.), **Éfeso** (431 d.C.) e **Calcedônia** (451 d.C.).

A partir dos Concílios, muitos *credos* e *confissões de fé* foram elaborados com o intuito de consolidar e estabelecer a fé comum para os cristãos. Os Credos deste período são: O **Credo Apostólico**, que é largamente aceito pelas Igrejas Católicas e Protestantes; o **Credo Niceno** (325 d.C.); o **Credo Calcedônio** (451 d.C.); o **Credo Atanasiano**.

Os principais líderes cristãos (chamados de "pais da Igreja") deste período foram: **Eusébio** (263-339 d.C.), que é conhecido como o "pai da história da Igreja" por ter sido o primeiro a escrever um livro inteira e especificamente voltado para a história eclesiástica; **Atanásio** (296-373 d.C.), que foi o principal participante do Concílio de Nicéia e um dos principais opositores do arianismo (seita que não cria na trindade); **João Crisóstomo** (347-407 d.C.), um sábio instruído na lei e na literatura grega. Ficou conhecido por sua eloquência e aclamado como "A boca de ouro"; **Jerônimo** (345-420 d.C.), foi quem produziu a tradução latina da "Vulgata". Sua tradução foi usada pelos cristãos por mais de 1000 anos. Também foi um excelente teólogo e escreveu extensos comentários. **Teodoro** (350-428 d.C.) era um presbítero em Antioquia e se tornou depois o bispo de Mopsuéstia, na Felícia. Foi um dos pioneiros da exegese bíblica que usava, ao invés da interpretação simbólica/alegórica, a interpretação literal com foco no texto e no contexto para chegar ao significado correto da passagem bíblica. **Agostinho** é bem conhecido e amado pelos cristãos. Muitos o consideram o maior de todos os pais da igreja. Ele escreveu mais de 100 livros e cerca de 500 sermões. Ele ainda é reconhecido como um dos maiores teólogos do cristianismo.

QUARTO PERÍODO: A IGREJA CATÓLICA ROMANA NA IDADE MÉDIA – DE 590 A 1517 D.C.

Igreja de Tiatira. Apocalipse 2.18-29. Representa profeticamente a Igreja Católica Romana.

Algumas características e pontos mais importantes deste período foram:

Em 590 d.C., Gregório I, "O Grande", torna-se bispo de Roma e o primeiro "Papa" oficial da história. Surge, então, a sucessão apostólica através do papado. Gregório I foi uma peça fundamental para a consolidação da Igreja Católica Romana. Com ele houve também uma reformulação da doutrina cristã, e muitas heresias e práticas não-bíblicas foram adicionadas à Igreja. Ele ensinou, por exemplo:

- A salvação por obras.
- O batismo como um sacramento que salva.
- A expiação dos pecados por meio de atos de penitência do cristão (boas obras meritórias, arrependimento, esmolas, etc.).
- Oração aos santos padroeiros.
- Santas relíquias com poder religioso.
- Purgatório.

Superstições infestam a Igreja. A Igreja passa a ser "infalível" em matéria de fé e prática. Rezas, terços e outros ritos abundam na Igreja. O cristianismo é paganizado.

A celebração da Missa, representando sacrifícios contínuos de Cristo, gera a idéia de que nas mãos do sacerdote o vinho e o pão se tornam verdadeiramente o sangue e a carne de Cristo.

A Bíblia é utilizada somente pelos sacerdotes e é escrita e lida (assim como a Missa) em latim, hebraico e grego – o povo comum não tem acesso.

A igreja mergulhou num período de cerca de 1000 anos de trevas espirituais e ignorância sobre as coisas de Deus.

Gregório I também investiu bastante na expansão evangelística. A Igreja Católica Romana se espalhou pela Inglaterra, Irlanda, Escócia, Alemanha, Holanda, Espanha, etc.

A Igreja Oriental, por outro lado, não experimentou crescimento missionário, principalmente porque ela tinha que combater muitas heresias (enquanto a Igreja Romana estava era assimilando-as) e também o avanço mulçumano. A igreja do norte da África praticamente desapareceu. O Egito tornou-se mulçumano e a Terra Santa foi dominada pelo Islã.

No Concílio de Nicéia em 787 d.C., houve uma grande controvérsia sobre o uso de "ícones" (imagens) na adoração cristã. Aqueles que se opunham ao uso de imagens na adoração ficaram conhecidos como Iconoclastas. O Concílio aprovou o uso de imagens de Cristo e dos santos para "veneração", mas não para adoração. As imagens não deveriam ser usadas para adoração, mas somente como um lembrete das virtudes e exemplo dos santos. No entanto, com pouco tempo, as imagens passaram a ser adoradas e consideradas "milagreiras".

Apesar da decisão do Concílio, a controvérsia durou ainda um bom tempo. As Igrejas do Ocidente usam abertamente as imagens de Jesus e de santos para a adoração, às quais se dirigiam preces, votos e cânticos. As Igrejas Orientais apenas permitiam pinturas e vitrais, mas não imagens em seus templos.

A divisão entre a Igreja Ocidental e a Igreja Oriental era apenas geográfica, mas tornou-se uma divisão teológica, eclesiástica e filosófica em 16 de julho de 1054. A Igreja do Ocidente excomungou o bispo de Constantinopla por causa de uma controvérsia sobre o tipo de pão que deveria ser usado a Ceia! Na verdade, isto foi somente uma desculpa para oficializar a separação que já havia entre as Igrejas do Ocidente e do Oriente ao longo dos últimos 700 anos. A Igreja Ocidental cresceu e se fortificou como a Igreja Católica Apostólica Romana. A Igreja Oriental teve pouco crescimento, mas permanece até hoje como a Igreja Ortodoxa Grega.

Neste período da Igreja, especialmente após o "cisma" da Igreja, foram empreendidas as Cruzadas à Terra Santa, com o propósito de livrar a Terra Santa das mãos do Islã. A primeira Cruzada durou de 1095 a 1099 d.C. A última Cruzada terminou por volta de 1291 d.C. As Cruzadas resultaram em novas oportunidades econômicas e culturais entre o Ocidente e o Oriente, bem como no aumento e prestígio do poder papal. A separação entre a Igreja Católica e a Igreja Ortodoxa tornou-se ainda maior e o Oriente ficou ainda mais enfraquecido. Outra consequência das Cruzadas é que os mulçumanos e cristãos tornaram-se inimigos até os dias atuais. Muitas atrocidades foram praticadas contra os mulçumanos em nome da pureza da fé cristã e da libertação da Terra Santa que, digamos de passagem, na verdade era alvo dos interesses políticos e econômicos da Igreja. Os locais e objetos "santos" passaram a ser ainda mais venerados e isto promoveu a idolatria dentro da Igreja Romana.

Durante este período também surgiram movimentos de renovação e reforma dentro da Igreja, movimentos estes que foram considerados hereges. Outros grupos, que reivindicavam existir desde o tempo dos primeiros apóstolos, também se tornaram mais visíveis, e a Igreja Católica Romana decidiu acabar com eles por meio da Santa Inquisição. A Inquisição foi usada para massacrar os "hereges", que na maioria das vezes eram bem mais bíblicos do que a Igreja Romana, e com os judeus. Entre os grupos considerados "heréticos" deste período nós encontramos os **Valdenses** (1140-1218 d.C.), que não eram de forma alguma heréticos e são considerados por muitos estudiosos como "precursores da reforma". Já os **Albigenses**, grupo que surgiu na França, tinha forte inclinação para o Gnosticismo.

A queda de Constantinopla em 1453 d.C. sob o domínio dos turcos otomanos foi um duro golpe contra a Igreja Ortodoxa Grega. A Igreja Ortodoxa perdeu ainda mais a sua força e, por não ser unida politicamente como a Igreja Romana, outras versões desta igreja floresceram no Oriente. Foi neste período que surgiu a Igreja Ortodoxa Russa.

Com Bernardo de Clairvoux surgiu o **misticismo**, uma resposta à adoração formal, passiva e ritualística da Igreja. Os místicos buscavam uma experiência emocional como resultado de um encontro real e vivo com Deus por meio do Espírito Santo. Eles promoviam a adoração íntima a Deus, uma personalização da religião, enfatizavam a participação de todos e focaliza-se em Cristo. Negativamente, porém, o misticismo cristão dava uma ênfase exagerada à experiência emocional e substituía a autoridade da Bíblia pela experiência subjetiva da revelação.

Surgem os primeiros reformadores que "protestavam" contra a Igreja Romana. **João Wycliffe** (1328-1382 d.C.) tinha uma visão bem aguçada das coisas e aliados políticos fortes, o que evitou que ele fosse martirizado pelo papa. Ele pregava duramente contra a corrupção no clero e contra as doutrinas heréticas da Igreja Católica. Ele fez a primeira tradução do Novo Testamento em inglês disponível aos leigos em 1382 d.C. **João Hus** (1373-1415 d.C.) foi diretamente influenciado pelas obras de Wycliffe. Ele era um homem de Deus que advogava a reforma da Igreja Católica na Boêmia. Seu principal campo de pregação era a Universidade de Praga, onde ele denunciava os erros da Igreja Católica Romana usando basicamente os mesmos pontos de Wycliffe. Porém, ele era um pregador bem mais enérgico e dinâmico, o que influenciou grandemente na revolta dos estudantes a quem ensinava contra o papa. Ele foi denunciado pelo arcebispo local, foi obrigado a comparecer perante o Concílio de Constança para se retratar – o que não fez – e, por fim, foi acusado de herege e sentenciado pela Inquisição a morrer queimado em 1415 d.C.

QUINTO PERÍODO: A IGREJA PROTESTANTE E AS IGREJAS LIVRES – DE 1517 A 1800 D.C.

A Igreja de Sardes. Apocalipse 3.1-6. Representa profeticamente a Igreja reformada protestante – a partir de 1500 d.C.

Algumas características e pontos mais importantes deste período foram:

A chamada "reforma protestante", na verdade, não foi uma reforma, pois a Igreja Católica permaneceu praticamente a mesma. O que houve na verdade foi uma <u>tentativa</u> de reformar a Igreja Católica Romana. Aqueles que protestavam contra a Igreja de então foram chamados de "protestantes".

Não negamos que existiram diversos fatores não espirituais para a reforma, mas nós queremos enfatizar que a reforma protestante foi um mover de Deus, rejeitado, sim, pela Igreja Romana, mas que produziu alguns frutos importantes para o crescimento e a gradual renovação da Igreja Cristã como um todo.

Os reformadores desejavam que a Igreja Católica Romana voltasse às antigas doutrinas que eram baseadas nas Escrituras. Questões como a "salvação", por exemplo, eram motivos legítimos para eles reivindicarem uma reforma na Igreja. Nós sabemos, porém, que a Igreja Romana não aceitou esta reforma e, de fato, incentivou uma contra-reforma que martirizou muitos importantes reformadores.

As indulgências (documentos feitos pela Igreja declarando que a pena temporal do pecado de uma pessoa que os comprava estava perdoada) se tornaram um dos estopins da reforma protestante. O abuso das indulgências levou o monge Martinho Lutero a pregar suas 95 teses na porta da Igreja em Wittemberg como forma de "protesto" contra as indulgências. Este foi o evento que desencadeou rapidamente a reforma protestante em todo o mundo.

De um simples movimento de reforma da Igreja Romana, surgiram quatro grupos principais de "protestantes":

o Os **Luteranos** da Alemanha que fizeram algumas mudanças doutrinárias, mas mantiveram grande parte do ritual católico que não era explicitamente proibido na Bíblia e mantiveram a Igreja unida ao Estado.

o Os **Anglicanos** da Inglaterra, que eram "luteranos ingleses" em suas doutrinas e práticas, mas cujo "cabeça" da Igreja era o Rei da Inglaterra. Mantiveram a Igreja unida ao Estado.

o Os **Reformados e Presbiterianos** foram grupos que inicialmente rejeitaram toda doutrina prática que não era claramente respaldada nas Escrituras; depois eles "afrouxaram" mais. Em alguns países mantiveram a Igreja unida com o Estado.

o Os **Anabatistas** eram crentes ultra-radicais que surgiram na Alemanha, Suíça e Moravia. Eles eram livres e sem elo algum com o Estado. Procuraram restabelecer o padrão da Igreja Primitiva de governo e adoração.

Lutero ainda permanece como sendo o "Grande Reformador" por causa das suas famosas 95 teses, a formação da Igreja Luterana na Alemanha e seus escritos. Contudo, outros movimentos de reforma "protestante" também foram importantes. A **reforma de Zwinglio** na Suíça, por exemplo, apesar de diferenciar apenas num ponto de Lutero, foi muito importante. Lutero e Zwinglio discutiam teologia e eram amigos até que discordaram sobre a presença de Cristo na Ceia. Lutero defendia a presença real e visível de Cristo nos elementos da Ceia, enquanto que Zwinglio cria que a Ceia era apenas memorial e que a presença de Cristo estava na união espiritual com o participante. Alguém já resumiu as diferenças entre Lutero e Zwinglio da seguinte maneira: Lutero permitiu tudo o que a Bíblia não proibia e Zwinglio rejeitou tudo o que a Bíblia não proibia explicitamente. De fato e na prática, grande parte do evangelicalismo herdou mais de Zwinglio do que de Lutero.

A **Reforma de Calvino** em Genebra, na Suíça, também foi uma importante reforma e até hoje tem influenciado o evangelicalismo. Os *Cinco Pontos do Calvinismo* e as *Institutas de Calvino* têm influenciado muitas denominações reformadas, tais como os presbiterianos, a Igreja Reformada Holandesa e Alemã, e alguns batistas e congregacionais. A forma de governo ensinada por Calvino é o presbiterianismo, que também deu origem a Igreja Presbiteriana. Outras doutrinas ensinadas por Calvino, claramente diferentes das doutrinas ensinadas por Lutero, também têm marcado as Igrejas Reformadas: a salvação como ato soberano de Deus no qual Ele dá a graça e a fé – sem participação do homem, a predestinação dos eleitos e dos perdidos, etc.

O Movimento Anabatista também foi importante para a Igreja Reformada. A palavra "anabatista" significa "re-batizadores". Eles ensinavam que se um adulto se convertia tendo sido batizado quando criança ele precisava ser batizado de novo. Eles também ensinavam que tudo o que não era especificamente autorizado pelas Escrituras deveria ser veementemente rejeitado. Eles se caracterizam pelo seu pacifismo e pela separação absoluta entre Igreja e Estado. Dos Anabatistas surgiram os Amish da Pensilvânia (EUA) e os **Menonitas** da Suíça.

A **Reforma Anglicana** foi um movimento para ver quem "mandava na Igreja", o Papa ou o Rei. Foi uma reforma primordialmente política, mas que depois teve desenvolvimentos de reforma religiosa com o surgimento do **puritanismo.** O puritanismo foi um movimento separatista dentro da própria Igreja Protestante. De fato, ele deu origem ao denominacionalismo e ao separatismo entre as igrejas protestantes. Os puritanos não eram dissidentes, mas desejam "purificar" a Igreja dos males que ela tinha herdado do catolicismo. Os puritanos se dividiram em nome da "sã doutrina" e se tornaram separatistas, formando grupos separados como os **puritanos presbiterianos,** os **independentes,** os **congregacionalistas,** os **batistas gerais** e os **batistas particulares.**

A partir de então surgiram diversas denominações e movimentos de renovação dentro da Igreja Protestante. Principalmente quando o protestantismo chegou aos Estados Unidos, surgiram grupos "livres", ou seja, igrejas independentes do Estado e aglomeradas como sob uma denominação (que inclui não somente um mesmo nome, mas uma mesma doutrina ou declaração de fé em todos os aspectos, mesma forma de governo e etc.).

O avivamento Wesleyano foi muito importante para a Igreja neste período. Houve uma renovada ênfase na santificação e também maior liberdade para a ação do Espírito na Igreja. Houve também uma proliferação de "pregadores leigos" (não ordenados ou com curso teológico) que, ao contrário das demais igrejas, pregavam em qualquer lugar onde as pessoas pudessem ouvir.

O GRANDE MOVIMENTO MISSIONÁRIO - 1700/1914

Na continuidade do movimento morávio mais de 2000 missionários em 150 anos, foram enviados para Rússia, Índia, Ceilão, Índia Ocidental, África (norte e sul), Groelândia e Américas (norte, central, sul). Muitos homens passaram para a História de Missões pela sua audácia e dedicação.

WILLIAM CAREY - NA INDIA

Influenciado pelos Wesley estudou na Inglaterra e em obediência à Bíblia e ao Senhor, partiu para a Índia em 1753. Sua base foi em Singapura, traduziu as Escrituras e porções dela, em mais de 30 idiomas da região. Escreveu gramáticas, dicionários e fundou colégios.

DAVID LIVINGSTONE - NA ÁFRICA

Depois de convertido e convencido do chamado de Deus, fez medicina na China; Incentivado por seu pai e pastor foi enviado à África pela Sociedade Missionária de Londres. Atacou diretamente o tráfico de escravos e influenciou imensamente o campo social até hoje carente.

JOHN WILLIANS - NA OCEANIA

Fixando-se no Taiti criou um centro de treinamento de obreiros para enviá-los às Ilhas da região, onde o evangelho logo se espalhou. Em 22 anos de ministério, viveu entre canibais traduzindo a Bíblia.

DIEGO THOMPSON E FRANCISCO PENSOTTI - NA AMÉRICA LATINA

Usando o sistema de: os maiores ensinam os menores, distribuíram e ensinaram a Bíblia. Thompson enfrentou resistência católica no Peru e Pensotti ficou preso ali 9 meses por ter propagado a Palavra de Deus. Thompson trabalhou também na Colômbia e Cuba.

MISSÕES MODERNAS - DESDE 1914

A igreja atual tem o desafio de mais de ¾ da população do mundo, 2,4 bilhões de pessoas precisam render-se a Cristo, e 2,125 bilhões de pessoas se dizem cristãs e não são.

O SEXTO PERÍODO: A IGREJA EM RESTAURAÇÃO – DE 1800 A ???? D.C.

A Igreja de Filadélfia. Apocalipse 3:7-13. O seu nome significa "amor fraternal". Representa profeticamente a restauração do corpo de Cristo a partir do final do século 18 até os dias finais.

Diversos grupos cristãos contribuíram para restaurar diferentes verdades que foram abandonadas e/ou negligenciadas pela Igreja Católica e pelas Igrejas Protestantes e Livres.

A seguir um breve resumo dos grupos/movimentos que contribuíram para a "restauração" de verdades e práticas bíblicas à vida normal da Igreja:

Os irmãos unidos (1828). Em Dublin, Irlanda, um grupo de cristãos de várias denominações passaram a se reunir apenas como cristãos, sem títulos, sem formalidade, sem ritualismo. Eles estudavam a Bíblia, cantavam, partiam o pão sem a presença de um "ministro ordenado" e se dirigiam uns aos outros apenas como irmãos. O grupo cresceu na cidade e se espalhou para outras cidades e países. Em apenas 50 anos o grupo já estava espalhado por toda a Europa. O grupo se dividiu diversas vezes por pequenas e insignificantes questões doutrinárias. A principal divisão se deu entre os "irmãos exclusivos" e os "irmãos abertos". Os exclusivos são separatistas e só partem o pão com irmãos das "assembleias" deles. Os abertos recebem na ceia qualquer irmão de qualquer igreja ou grupo genuinamente cristão.

Outras divisões ocorreram por causa do uso de instrumentos musicais na adoração, o papel das mulheres nas reuniões de adoração, sobre a vinda de Cristo e etc. Este movimento teve um impacto muito forte na Igreja, tanto positiva quanto negativamente. Por um lado, a ênfase em um "só corpo", em não usar rótulos eclesiásticos e uma tentativa de voltar à simplicidade do primeiro século foram coisas positivas. Mas o legalismo tomou conta deles e produziu uma atitude separatista ("somos os donos da verdade") muito negativa. O movimento é mais conhecido, porém, por causa de seus grandes mestres da Bíblia, como John Nelson Darby (que era muito bom em algumas coisas, mas horrível noutras), C. H. MacKintosh e seus livros esclarecendo o Pentateuco ainda são famosos no mundo inteiro, William Kelley, Stanley Jones e muitos outros.

Os irmãos Noruegueses. Um movimento que iniciou na Noruega com Johan Oscar Smith. Também é conhecido como os "amigos de Smith". A principal ênfase deste movimento está na possibilidade de vivermos hoje em plena vitória sobre o pecado. O que causa estranheza e dúvidas em muitas pessoas que visitam suas reuniões é quando elas ouvem certos líderes afirmando que "não pecam mais". Se isto é verdade ou não, é de menor importância. O fato positivo é o ensino de que é possível viver uma vida cristã em verdadeira santificação, sem legalismo, mas pela fé.

Pequeno Rebanho. Este movimento começou no início do século XX, na China, através de Watchman Nee. No início ele foi grandemente influenciado pelos Irmãos Unidos, mas logo ele percebeu que estava a um passo mais à frente. Enquanto os Irmãos Unidos mantinham uma atitude de exclusivismo, Nee aceitava a todos os cristãos, todos os que eram de Cristo. Os Irmãos Unidos também davam grande valor às doutrinas e na maioria das vezes misturavam doutrinas bíblicas com suas próprias idéias. Nee, ao contrário, dava maior valor à experiência subjetiva dos ensinamentos bíblicos e enfatizava a centralidade de Cristo na experiência cristã. Esta, com certeza, foi a sua maior contribuição para o corpo de Cristo no século XX.

Os Pentecostais. Também conhecido como o "avivamento da Rua Azuza", este mover teve início em Los Angeles, Califórnia (EUA) em 1906. As principais contribuições do movimento pentecostal foram: a restauração da necessidade de servir com poder através do revestimento do Espírito (batismo no Espírito Santo) e dos dons miraculosos como línguas, profecia e curas.

O Avivamento de Cura. Aconteceu na década de 50 e ficou quase que completamente limitado aos pregadores de tendas nos Estados Unidos. Grandes reuniões eram realizadas em tendas e as mensagens enfatizavam principalmente as curas, expulsão de demônios e solução de problemas pessoais.

O movimento "chuva serôdia". Este movimento começou com as Assembleias Pentecostais do Canadá e correu o mundo todo. As principais contribuições foram: louvor e adoração espontâneos, com liberdade para a atuação do Espírito Santo, com a total participação da congregação, com palmas, regozijo e danças; e o reconhecimento da atualidade de todos os ministérios de Efésios 4:11 e de todos os dons espirituais (os pentecostais ensinavam que só havia 9 dons do Espírito).

Os Carismáticos. Antes do movimento carismático, todas as igrejas que criam no enchimento do Espírito Santo e nos dons miraculosos eram chamadas de "pentecostais". No entanto, igrejas "tradicionais" como batistas, presbiterianos, congregacionais, metodistas, e etc., também foram visitadas pelo Espírito Santo e seus membros começaram a experimentar o enchimento do Espírito e os dons espirituais. A diferença crucial, porém, estava no fato de que ninguém precisava criar uma nova denominação (como os pentecostais fizeram; aliás, eles criaram diversas denominações) ou mesmo se unir aos pentecostais. Aqueles que receberam o enchimento do Espírito continuaram sendo batistas, presbiterianos e etc. Mas, apesar da grande maioria das igrejas "tradicionais" ter experimentado de alguma maneira esta renovação, surgiram também muitas novas igrejas "independentes". Através destas novas igrejas o movimento foi fortalecido e muitas outras verdades bíblicas que estavam esquecidas pela Igreja foram restauradas ao ensino e prática das igrejas como, por exemplo: a ênfase na presença de Deus nos cultos, quebrantamento, discipulado, aliança entre irmãos, famílias estruturadas, autoridade e submissão, guerra espiritual e a expectativa de um avivamento mundial. Este movimento também trouxe uma renovada ênfase em missões, plantação de igrejas, intercessão e guerra espiritual na década de oitenta.

A Terceira Onda. Este movimento foi um passo mais além dos movimentos pentecostal e carismático. Ele assimilou o ministério integral do Espírito Santo como parte normal da vida cristã e eclesiástica sem a necessidade de tornar-se pentecostal ou carismático. Este movimento entrou em todas as denominações e alcançou milhões de cristãos em todo o mundo. Ele foi um verdadeiro movimento de renovação cujas ênfases principais foram: liberdade e intimidade na adoração; servir com poder; compaixão e serviço ao pobre; plantação de igrejas e evangelismo de poder. O objetivo era unir o melhor do pentecostal (o ministério poderoso do Espírito) com o melhor do tradicional (sã teologia).

A Igreja em Células. Este movimento começou na década de 80, mas firmou-se mesmo na década de 90. Ele enfatiza a restauração dos "odres", ou seja, do recipiente necessário para conter todas as verdades, ênfases e valores restaurados nos movimentos anteriores. É um retorno à estrutura e organização neotestamentária da Igreja. Alguns o consideram como o último mover antes do retorno de Cristo, mas ainda não dá para saber se isto é verdade ou não. Seja como for, este mover tem trazido uma renovação muito necessária para a igreja como um todo.

Cada um destes movimentos errou e acertou, mas com certeza eles contribuíram para a restauração das ênfases bíblicas importantes que havia no primeiro século da era cristã e que se perderam ao longo da degradação da Igreja.

Cabe a nós, agora, aprender com estes erros e acertos, buscar a direção de Deus e então assumirmos o nosso chamado e posição como Igreja do Senhor, expressando e representando ao mundo o amor e o poder de nosso grande Deus.

A HISTORICIDADE DE CRISTO

Muitos negaram o fato de que Cristo se manifestou na história da humanidade, contrariando assim o testemunho evangélico (Jo 1:14). Entretanto, além dos relatos escriturísticos, há também evidências extra-bíblicas que provam a existência de Jesus.

1. O TESTEMUNHO PAGÃO.

- Tácito (c.60-120):

O julgamento de Pompônia Grecina (57) – Annales, XIII.32;

A perseguição de Nero (64) – Annales, XV.44.

- Plínio (c.62-113):

Os cristãos de Bítinia (c. 112) – Epp. X (ad Trajanem), XCVI;

A política de Trajano para com os cristãos – Epp. X.XCVII.

• Suetônio (c.75-160):

Os judeus são expulsos de Roma (c.52) – Vita Claudii, XXV.4 (Cf. At 18:2);

A perseguição de Nero (64) – Vita Neronis, XVI.

2. O TESTEMUNHO JUDEU.
• Flávio Josefo (37-100):

"Nesse mesmo tempo apareceu JESUS, que era um homem sábio, se todavia devemos considerá-lo simplesmente como um homem, tanto suas obras admiráveis. Ele ensinava os que tinham prazer em ser instruídos na verdade e foi seguido não somente por muitos judeus, mas mesmo por muitos gentios. Era o CRISTO. Os mais ilustres da nossa nação acusaram-no perante Pilatos e ele fê-lo crucificar. Os que o haviam amado durante a vida não o abandonaram depois da morte. Ele lhes apareceu ressuscitado e vivo no terceiro dia, como os santos profetas o tinham predito e que ele faria muitos outros milagres. É dele que os cristãos, que vemos ainda hoje, tiraram seu nome" (Louvores de Jesus Cristo – História dos Hebreus, XVIII.4, 772).

3. O testemunho cristão além da Bíblia.
• Comparação com fatos e eventos históricos e seus registros:

Apócrifos e deuterocanônicos;

Epístolas e outros documentos, por exemplo:

- ✓ Didaquê – O ensino dos doze apóstolos
- ✓ As cartas e escritos dos Pais da Igreja
- ✓ Os sete livros do AT das Bíblias da ICAR
- ✓ Evangelhos de José, Tomé, etc.

CONSIDERAÇÕES FINAIS

AO lermos apenas a gênese de toda esta história onde Deus exerce sua soberania, podemos afirmar que nós somos aqueles que iremos continuar fazendo a história nas mãos deste Deus poderoso. É Ele quem conduz todos os detalhes, nada sai do seu controle. Cristo, por meio do seu Espírito, sempre esteve ativo, trabalhando ao longo da história passada, presente e futura de sua Igreja. Como afirmou Johannes Geerhardus Vos (1903-1983), filho do teólogo reformado Geerhardus Vos:

> "Prestemos atenção à injunção bíblica de "provar todas as coisas e reter o que é bom". Não romantizemos o passado, não absolutizemos o passado e não desprezemos o passado. Antes, que possamos avaliá-lo com

justiça e valorizá-lo sabiamente, para a honra
e glória de Deus.

Soli Deo Gloria

SOBRE O AUTOR

Andre H. Torres Ribeiro, é bacharel em Teologia pelo ISBL e UNICESUMAR, especialista em Liderança, Plantação e Revitalização de Igrejas pelo Seminário Teológico de Asbury e docência no ensino superior pela UNICESUMAR. Atualmente é pastor auxiliar na Igreja Presbiteriana Central de Londrina. Casado com Fabiane, pai de Ana Clara e Davi.

Contato: rev.andretorres@gmail.com
43 - 984429482

www.ingramcontent.com/pod-product-compliance
Lightning Source LLC
Chambersburg PA
CBHW061727130726
47996CB00006B/2538